Motschi von Richthofen

**Farbenreiche Buchstabenmelodie**

Gedichte/Poems
English/German

tredition GmbH
1. Auflage 2019

Copyright 2019 by
Motschi von Richthofen und

tredition GmbH

tredition GmbH
Sitz der Gesellschaft: Hamburg
E-Mail: info@tredition.de
Geschäftsführung: Sönke Schulz, Sandra Latußeck

978-3-7482-2612-3 (Paperback)
978-3-7482-2613-0 (Hardcover)
978-3-7482-2614-7 (e-Book)

Einen großen Dank an Maya Muth, der grandiosen und fantastischen Malerin, für die zur Verfügung gestellten Bilder. Beides sind einzigartige Gemälde aus Öl und Acryl. Eine wundervolle Komposition aus Perspektiven mit Farbe eingefangen. Immer wieder entdecken wir Neues darin. Picasso hat einmal gesagt: „Es gibt Maler, die die Sonne in einen gelben Fleck verwandeln. Es gibt aber andere, die dank ihrer Kunst und Intelligenz einen gelben Fleck in die Sonne verwandeln können." Und Maya besitze eben jene beiden Eigenschaften.

## Die Kunst der Malerei

*„Die Malerei ist stumme Poesie, die Poesie blinde Malerei." Leonardo Da Vinci*

Zeichnen ist Sprache für die Augen,
sie sehen bis ins Herz hinein
Sprache ist Malerei für das Ohr,
es vibriert bis in jede Pore

Die Verwandlung eines gelben Punktes
In eine Sonne und sie zum Glühen bringen
Ist das Wunder des Malers
Und der Reichtum des Betrachters

Die Farben haben ein bemerkenswertes Eigenleben,
sobald sie auf die Leinwand aufgemalt wurden,
entstehen Räume und Dimensionen des Seins
und wir werden aufgefangen in der anderen Welt.

## Pech

Bade mal wieder im Pech
Pechschwarz überall
Ich Pechvogel

Da sollte ich doch bei so viel Pech
Genügend Kohle haben
Um mich daran zu laben

Ha egal, dann fliege ich einfach weiter
Und bleibe hier und da kleben
So ist es mit dem Leben

Friede Freude Eierkuchen
Kann man sich halt nicht buchen

## SUV

In der Stadt ja ganz wichtig
Hoch oben mit dem Blick
Applaus für die kleine Umweltlaus

Syndrom Unerfüllter Vollkommenheit

Auf dem Land mit unwegsamen Straßen
Absolut vorteilhaft zu haben
Power in der Hand sinnvoll angewandt

Sport Utility Vehicle

So steht es um den symptomatischen Sport
Der unerfüllten Verwendbarkeit
Im vollkommenen Vehikel

Vom Amiland ja nicht zu reden
Das wäre noch vergebens

# Poaching (Monsters of the 21Th century)

Barbarians of modern times
Committing horrible crimes
Most pitiable and disgraceful beings
Not worth to be called human beings

Shame on you and reflect
what kind of terrible effect
you create by avarice and greed
on our wonderful amiable street

Face it and start
to take responsibility
it is now your part
to be aware of globality

Nobody get's away
with this wickedness
everyone has got to pay
for his own activeness

**Murano Glas**

Meisterwerke aus
Quarzsand und Kalk

Tausend Blumen der Schönheit
mit Soda und Pottasche

Skulpturen der durchsichtigen Fantasien
durch Feldspat und Tonerde

Charaktere werden eingearbeitet
und kunstvoll verschmolzen

Eine Insel voller Zeitlosigkeit
Brücken der Generationen

## A single seed

A single seed may start to form
A garden within the human storm

A single seed might change a dream
Into some proof of great esteem

A single seed can create a difference
To all the emotionless indifference

A single seed could grow ingenuity
And designing for all social equity

A single seed is in all of us for sure
With a spirit of adventure
It is like a miraculous cure
Intense, vigorous and pure

Let it grow
And show
goodness
gentleness
graciousness
and kindness

## Taufe (für Raphael)

Die Taufe besteht seit dem Neuen Testament
Und hat ein reinigendes Element
Das Eintauchen in das heilige Wasserbecken
Was mag es wohl bezwecken

Sich reinigen von allen negativen Gedanken
Das Öffnen seiner eignen Schranken
Dem christlichen Glauben zu begegnen
Und die Nächstenliebe segnen

Der erste Schritt in die mystischen Geisteswelten
Im heute die Christen damals die Kelten
Immer wollen wir dem Universum näherkommen
Und haben spirituelle Worte vernommen

Denn egal ob Allah, Manitu oder Gott wie er heißen mag
Gepriesen sei jeder einzelne Tag
An dem wir Liebe und Frohsinn einander schenken
Und unser Leben in Milde lenken

Und wir als Paten stehen immer an deiner Seite
Wenn irgendwas in der unendlichen Weite
Dich erregt und du vielleicht nicht weiterweißt
So sind wir da mit unserem demütigen Geist
Und versuchen dich mit Rat und Tat zu unterstützen
Und dich soweit es geht positiv zu schützen

Liebe, Freiheit, Güte und Gelassenheit
Für jeden in dieser Welt weit und breit
Denn alle sitzen wir auf der Lebensbank
Und rufen Halleluja und vielen Dank

## Fasten your screws

Trump screw you
And fasten your screws

Who can be such a stupid person
And start to step toward war

Trump you are insane
A monkey with a blond brain

A president of America
But far away of being smart

Not changing your own country
Looking to make life terrible somewhere else

Trump screw you
And fasten your screws

Trump you are insane
A monkey with a blond brain

Trump watch out how you act
It will come back to you thats fact

Pity pity 4u

## Religions

I am Christian
I am Moslem
I am Buddhist
I am Hindus
I am Humanist
I am who I am
I love life
I love people
I love everything
You are Christian
You are Moslem
You are Buddhist
You are Hindus
You are Humanist
You are who You are
You love life
You love people
You love everything
We are Christians
We are Moslems
We are Buddhists
We are Hindus
We are Humanists
We are who You are
We love life
We love people
We love everything

WE ARE HUMANS IN THIS UNIVERSE
FULL OF LIVE AND UNDERSTANDING

**Im Exil**

Ich lebe gerade im Exil
Und es wird mir schier zu viel
Die Wände fallen auf mich ein
Ich könnte nur noch schreien

Nicht jeder kann es ertragen
Und die Dämonen leicht verjagen
Verbannt und dem Gewohnten entrissen
Ist die Seele wie zerrissen

## Die Gartenliegen

Es kamen zwei und kauften Liegen
Günstig haben sie beide ergattert können
Juhu ein wirtschaftliches Siegen
Es war ihnen just per se zu vergönnen
Doch dann war es des Cousins Anliegen
Sie doch für sich u behalten
Und wollte sie wieder zurück kriegen
Aber selbst nicht zu walten
Und anstelle einfach zu sagen
Es sollte mir obliegen
Bei den Käufern zu erfragen
Ob wir es wiederkriegen
Nun gänzlich unverschuldet, aber
Um es wieder zurecht zu biegen
Auch keine Lust auf Negativgelaber
War es der Verkäuferin ein Anliegen
Jenes Gut zurück zu bekommen
Und hat sich geradezu verstiegen
Und es in die Hand genommen
Einen Zettel auf das Rad geklebt
Um die Leute dranzukriegen
Dass man nach den Liegen strebt
Die Frau sie kommt das Fahrrad weg
In was hatte man sich da verstiegen
Was war denn hier der ganze Zweck
Kam wohl das Vertrauen zum Erliegen
Der Idealist wieder im Zugzwang

Musste erst mal das Unbehagen besiegen
Um dann mit entschuldigenden Klang
Das was weg zurück zu kriegen
Oh je oh welch ein Graus
Die Dame hat das Paragraphen-Roß bestiegen
Und rückte nur die Adresse raus
Da ist das Sensibelchen dann ausgestiegen
Fassungslos ob dieser Situation
Leider ging es nicht davon zu fliegen
So loderte die tiefe Emotion
Man kann sich ja nicht verbiegen
So kam der Kampf ins Spiel
Und der Wille Arges zu besiegen
Das war das eherne Ziel
Die Freundin konnte noch einbiegen
Und als Mediatorin fungieren
So kam die Negation zum Erliegen
Und alles unnötige Gieren
Konnte schnell verfliegen
Und nach allem hin und her
Konnte Integrität obsiegen.

## Wollte nur Wollte

Ich wollte alles geben
Für alles Leben
Wollte verändern
Das Gute bewegen
Wollte ändern
Unverhohlen und verwegen
Ich wollte die Menschen erkennen lassen
Sie in ihrer Liebe erfassen
Wollte begreifen
Andere mitnehmen
Und nach den Sternen greifen
Im universalen Einvernehmen
Ich wolle Liebe schenken
Mein eigenes Boot lenken
Wollte mitreißen
In die Fluten des Gebens
Gutes verheißen
Im Wirrwarr des Lebens
Ich wollte die Seele berühren
Und Hoffnung schüren
Wollte Berge versetzen
Gier und Macht sichtbar machen
Menschen vernetzen
Und miteinander lachen
Ich wollte die Natur beschützen
Die Gunst der Zeit nützen
Wollte Bilder senden

Die Schönheit zeigen
Das Geisterschiff wenden
Und vom Verzeihen geigen
Ich wollte erfreuen
Ohne es zu bereuen
Wollte einfach Idealen nachjagen
Gutes versuchen zu erschaffen
Alle Bürden gleichmütig tragen
Mit unsichtbaren Tugendwaffen
Ich wollte und will so viel
Das war und ist mein Ziel.

## Aufbruch

Was ist schon Zeit
In der Unendlichkeit
Was ist ein halbes Jahrhundert
Frägt man sich verwundert
Wie viel kann man erfahren
Innerhalb von 50ig Jahren
Viel und nicht viel genug
Auf der Reise im Lebenszug
Die hier und da hält
Mit oder ohne Geld
Und immer erneut
Sich wunderbar zerstreut
Ein Geschenk jede Sekunde
Wir Gebende und als Kunde
So Heike immer weiter gehen
Und es mit Schönheit versehen
Jeden Tag genießen
Und die Liebe begießen
Freude dem anderen schenken
Und mit Gleichmut das Sein lenken

## Infinite love

Richard Burton and Liz Taylor
You think you are your loves taylor
But sometimes you love infinitiv
It is always incredible explosive
No matter he or she
You always feel this we
Time might have separate each other
But still you love one another
You see the beauty of the soul
You see the inner goal
And no matter what way we go
What character we show
The soulmate does know
In which way we grow
Time does not count
Because we once found
This wonderful soulmate
And it seems tob e our fate
That we will love forever
No matter if stupid or clever
This person always will touch out heart
Through end and start
And this is love without brain
Again again and again
We will love unchained
And fulfilled and gained
This most pressures thing

Giving and loving
As a human most humble
And sure again we stumble
And still
It is God's will
To bring us together
Light as a feather
Innocent like a child
Curious and wild
So let's love open the gate
And humbly thank our fate

**Failure is a part**

Millions of times I wanted to change
The world into better
and what did I arrange

Millions of times I wanted to design
A world of happiness
And what did I assign

Millions of times I wanted to create
A world of honesty
And what's the current state

Drop by Drop
Failures on the way

Step by step
Sometimes a winning day

## Grundsteinlegung des Logistik Zentrums SGL Carbon

Mit diesem Zettel in der Hand
Frägt sich der Finder was hier wohl stand
wie es wohl damals entstand
und was so alles geschah in diesem Land

2018 fand man bei SGL den gleichen Nenner
und so mancher war ein Zeitgeist-Erkenner
und von Prozessen und Planung ein Kenner
so kam das Logistik Zentrum, das war der Renner

SGL Carbon voller Innovationsdrang
Geradezu sprudelten Ideen in wahren Überschwang
und man schaltete noch einen höheren Gang
und machte hier und da nen guten Fang

Doch was schrieb zu dieser Zeit die Welt?
Was im Moment regierte war das Geld
und die Gemüter begannen sich aufzureiben
Es war ein reges politisches Treiben

Es war einmal könnte ich nun schreiben
Deutschland reich, jeder kam und wollte bleiben
Ein Land des Friedens und für alles offen
hier konnte man sich wohl fühlen und hoffen

Der Deutsche per se ist tolerant und weltoffen
und war ob der Ungleichheit sehr getroffen
Der rechte Flügel war groß im Kommen
hatte sich der allgemeinen Angst angenommen

Was allgemein zählte war das banale Einkommen
Manches war leider zur Machtgier verkommen
Aber es regten sich auch neue Ideologien,
die das Zerstörerische laut verschrien

Und so manche unglaublichen Biographien
erzählten von Verantwortung und Antipathien
Petitionen der Massen konnten verändern
auf der ganzen Welt egal in welchen Ländern

Greenpeace und Avaaz waren die Goldenen Reiter
und für das Fortbestehen unserer Spezies die
Wegbereiter
Tausende und Millionen unterstützten sie so gut es ging
egal ob gegen Plastik, Pestizide, Todesstrafe oder
Fracking

Man konnte meinen hier kämpfe Don Quichotte
gegen die kleine Laus und die Psychomotte
Wachstum und Fortschritt sind voll der Hit
auch wenn unzeitgemäß und ein Geisterritt

Die Menschheit musste halt noch so viel lernen
und wohin es geht steht noch in den Sternen
Es ist ja noch kein Meister vom Himmel gefallen

und uns ist nichts so einfach mal zugefallen

Die kosmische Intelligenz musste nur noch steigen
und der Unendlichkeit ihr Antlitz zeigen
Die Liebe fühlen, das Geben erkennen
die Milde und Toleranz sein Eigen nennen

Vielleicht braucht's schlichtweg ein weltweites
Seelenbeben
und unsere Spezies versteht dann ehrenwert zu leben
Vielleicht aber ändert sich auch der Mindset im
Allgemeinen
und jeder strebt nach geistig-inneren Edelsteinen

So die Idee, um dem Universum zu zeigen
wie weit entwickelt wir emporsteigen.

Die Hoffnung stirbt zuletzt
und wird womöglich umgesetzt.

## The beauty of being

Hey lovers keep on going
Check out life and continue drawing
Your and others beauty of life
And never cease to strife
We can see it everywhere
In every single atmosphere
This wonderful flower
With all it's power

Hey creators keep on going
Like the waves forever flowing
Build up and change old structure
and unchain the morbid culture
Every one of us is a part
For revolution a start
This wonderful flower
With all its power

Hey masters keep on going
Be responsible through creating
Design a world of tolerance
With timeless relevance
Be clothed with humility
Support everybody's ability
This wonderful flower
With all it's power

Hey you, yes you as well
There is ringing the inner bell
Listen to it carefully
And grow gracefully
To nurture this flower
This universal power

## Invisible borders for science

I wonder why Archimedes was killed by a Christian
On that time of his break through discovery
I wonder why some humans with ambition

## Human footprint

Nowadays money is the most important thing
For this species called human being
The more you have of this currency
The better it is for your ascendancy
Just time will show another trend
It might be now hard to comprehend
But the mindset will change for good
Into a kind of worldwide Robin Hood
People will look up to those who give
And are to charity daily proactive
You might say that's insane
And there is nothing to gain
Or getting somehow strong
Fortunately you are wrong
Because every single person
Will leave hiss elf made prison
And contentment will appear

## Atmosphäre

Im Dunst der Gegenwart
um Himmelskörper in Expansion
hart aber auch apart
die menschliche Evolution
Nur ein kleiner Hauch
Fast Schall und Rauch
im Universum
rund um uns herum
Und in physikalischer Sicht?
der Druck der viel bewirkt,
auf Experimente wirkt
Und auf seine Art verdichtet
Und Stoffe anders gewichtet
Oder auch als Gefühl
Der Kugel des Empfindens
Des Empfangens und des Sendens
Wie ich mich fühl
Und wir
im Genuss
vom Lebensfluss
Und ihr?
Wie seht ihr denn die Atmosphäre,
in dieser unseren Bewußtseinssphäre?

## Begräbnis (für **Leonhard**)

Du den wir hier vermissen
Bist aus dem Sein gerissen,
hast deine Liebe zu den Pferden gelebt
und nach göttlicher Erfüllung gestrebt
zu jung mag mancher denken
aber wer kann schon sein Schicksal lenken
es war wohl deine Zeit
und wir geben dir Geleit
und denken an die schönen Stunden
durch dich so tief empfunden
an all die gemeinsamen Minuten
im Schlechten und im Guten

Magst du nun neue Räume entdecken
und deine Seele zur Ewigkeit erwecken

Als Eltern kann man es kaum glauben
und sendet dir die Friedenstauben
Als Schwester wird dir nur unendliche Liebe zu teil
und wünscht dir das Beste und unendliches Seelenheil
Als Freunde ist man miteinander abgehangen
Geliebt, durch dick und dünn gegangen

Ach wie gerne hätten wir es ja gesehen
miteinander durchs Leben zu gehen
echt wir müssen schon fragen
Warum konntest du es nicht vertagen

Ist echt ein rechter Mist
Aber es ist wie es ist

und der schützende Reiter
erklimmt die Himmelsleiter

Wir drücken dich mit aller Liebe die wir haben
die Pferde setzen an zum letzten Traben

ein Teil von uns geht mit dir fort
an jenen unbestimmten Ort

auch wenn die Seele schreit
vielen Dank für die kurze Zeit

## Argentina 2018

How do you dare
not to take care
Of this wonderful earth
Which is more than worth
To be an intellectual knight
And for footprints to fight
But you are just insane
Singing in the acid rain
Narrow minded just a part
Otherwise without a heart
There is no greatness
No brain and kindness
Just a small little ant
With nonsens in the hand
Playing to be the chief
And in the end a thief
Oh what a pain
To have no brain
No thinking outside the box
Like CNN or news of Fox
Hopefully the intelligence will grow
before the universe to bow
and after number forthfive
foresight will come alive
till now we got a human brain
deeply in pain.

## Tesla und Zukunft

Wir schreiben das 19te Jahrhundert
Und die Menschheit ist ganz verwundert
Was für Energien auf dem Planeten
Als Strömungen auftreten

Und alles ohne Ressourcen zu plündern
Und somit Ausbeutung zu verhindern
Aber der Mensch noch immer ein Primat
Hört nicht auf den intelligenten Rat

Nun gehen wir davon aus
Dass der Hamster und die Maus
Das Rad sinnvoller nutzen
Und sogar auch das Gehirn mitbenutzen

Siehe da die Sinnhaftigkeit entsteht
Und der Wind der Unendlichkeit weht

Um nach Sternen zu greifen
Muss man erst das Ei begreifen

Und wenn er begreift dass nicht das Geld
Diese wunderbare Welt erhält

## Vorurteil

Der erste Eindruck zählt
Obgleich es sehr an Weitblick fehlt
Vorgefertigt schon die Meinung
Gleich bei der neuen Begegnung
Und denkt seinen eigenes Hirnkino
Setzt auf Farbe im Menschencasino

Ha wie lächerlich zu denken
Wir könnten unsere Idee herumlenken
Und mal nicht gleich wissen
Wie verwerflich und beschissen
Eben jene Person ja sicher ist
Wir als Humanspezialist

Und dann plötzlich muss man gestehen
man hat dem Gegenüber mit was versehen
Das ja so gar nicht der Realität entspricht
Und geht mit sich selbst ins Gericht
Wie konnte man es nur wagen zu entscheiden
Und warum konnte man den Irrsinn nicht vermeiden

So ist es mit vielen von uns bestellt
Wir erschaffen unsere eigene Welt
Und müssen noch viele lernen und begreifen
Um nach der Wahrheit zu greifen

Lange Rede kurzer Sinn

Auf zum offenen Neubeginn

## Hingabe

Mit Leib und Seele eintauchen
Das Metier ist so gänzlich egal
Und keiner hat auch eine Wahl
Denn der Drang ist da und will Vollendung finden

Es ist eine Gabe des Gebens
Eine Tiefe der Bedingungslosigkeit
Gepaart mit den Höhen der Freiheit
Empfunden erfühlt, das Schiff in den Wogen

## Wirbel

Der Wirbel erfasst mich
Trägt mich fort zum anderen Ort
In mich hinein, von mir weg

Im Strudel der Vielfalt
Eingetaucht hochgeflogen
Schichtenerkennen

In der Strömung gefangen
Luft schnappend, tiefer tauchend
Sich entwickeln

## Wertvollstes Ding

Unendliche Liebe zu fühlen
Nichts kann mehr geben
In unserem kleinen menschlichen Leben

Unendliche Liebe zu erhalten
Ist ein Geschenk des universalen Seins
Denn es ist sowohl deins als auch meins

Unendliche Liebe zu geben
Wie ein geschmücktes Seelenzelt
Macht uns so viel reicher ohne Geld

Unendliche Liebe in sich zu haben
Erhellt jede dunkle Lebensbühne mit Licht
Diese wundervollste menschliche Sicht

Unendliche Liebe zu greifen
Sie zu spüren und zu erleben
Ist wie eine Phantasie zu weben

Unendliche Liebe ist ein göttliches Gut
vom Universum ein Geschenk und Präsent
und für alles Schaffende das Fundament

## Tinder

Ich tindere jetzt
Und lerne Menschen kennen
Kurz mal hallo gesagt
Die ersten Worte
Abchecken wie der andere tickt
Ich tindere jetzt
Auf der Suche nach Liebe
Im Netz sein Netz spinnen
Versuche starten
Sich treffen
Ich tindere jetzt
Was will ich was kann ich geben
ablehnen oder Whatsappen
Ist cool denn der richtige findet sich
Ja die Sehnsucht nach Liebe ist es
Ixh tindere jetzt
Im Netz der Kommunikation
Träume können wahr werden
Gesehen gespürt erlebt
Neue Geschichten werden geschrieben

## Übergangsegoist

Der Gang zu sich selbst
Sich nur sehen und sich nur achten
Was nicht heißt den anderen verachten

Der Gang zu seiner Stärke
Gewinnen wollen und zu siegen
Was nicht heißt dem Zerstören zu erliegen

Der Gang zu seinem Herzen
Im Erobern zu erblühen und aufzugehen
Was nicht heißt einen seelischen Mord zu begehen

Der Gang zu seiner Seele
Sein ich zum leuchten zu bringen
Was nicht heißt auch andere zu besingen

Über eine Zeit hinweg
Auf sich bezogen ganz keck

Über dem Abgrund blicken
Und damit sogar entzücken

Über sich selbst lachen
Und Flammen entfachen

Nur ein kurzer Übergang
Zum Ich Gesang
mit Ego-klang


## Schäferstündchen

Endlich chillen
Das Verlangen stillen
Alle sind gut aufgehoben
Preisen weiter und Loben
Eine kleine Auszeit nehmen
Ein ehrenwertes Benehmen
Gegen alles Drohen
Dem Kreuz entflohen
Auf den Wellen liegen
In der Ruhe wiegen
Der Blick frei
In den Sky
Endlich chillen
mein Verlangen stillen

## Heroes

Who are the heroes of our time
What do they do in their pastime
They try to change the world into better
And climb up the social humanity ladder
And be aware of what really matters not at all
Instead to listen to the integrity call

In old days we called them knight
who had his sword to fight
Today the weapons are communication
The battlefield the multimedia publication
And the better you use the data-flow
The faster your ideas will grow

A Modern Day Hero is a "good" person
Who knows to be on earth for a reason
With the inner love to work for a better existence
Honesty and  frankness everywhere to enhance
They are those people we all honor and reward
Of showing to the universe the best human part

Might the number grow day by day
And find their smooth way
To everybody on this earth
Like a human rebirth

## Materialisierung des Herzens

Liebkosungen
Umarmungen
Begegnungen
Verschmelzungen

Verständnis
Zugeständnis
Bündnis

Aufnahmeelement
Bedarfsmanagement
Universalinstrument
Kernsegment

Offenheit
Energieeinheit
Ganzheit

Harmonie
Poesie
Fantasie
Symphonie

Leidenschaft
Verwandtschaft
Meisterschaft

**Freestyle**

Frei sein
Ungebunden sein
Liebe verschenken
Hass ertränken
Spielend geben
Frohsinn leben
Auf auf auf
Im Lebenslauf
Raus der Nagel
Freudenhagel
Ganz neu Taten
Ein Ohr ein Raten
Tristesse verfliegt
Liebe siegt

## Unchained

Hätte hätte
Weg die Kette
Habe nun Stellung bezogen
Und bin hoch hinaus geflogen
Bin aus der Höhle gekrochen
Und andere  Luft gerochen
Muss nicht andere befrieden
Und Trübsal schieben
Es fällt mir gar nicht schwer
Ich bin mein eigener Herr
Grenzenlos autark
Unendlich stark
Halleluja ich bauml'
Im Sinnestaumel

## Unschuldsleiter

Ganz heiter
Auf der Leiter
Springt hinauf
Im Lebenslauf
In der Jugend
Die Tugend
Unschuldig und rein
In seinem Dasein
Und mit dem Alter
Ein Verwalter
Der Gleichmut
Die tut gut
Wundersam in seiner Kraft
Die nur positives schafft

**Wunschliste**

Ich wünsche mir so viel
Ich wünsche mir ein Ziel
Ich wünsche mit Glück
Ich wünsche mir mein Gegenstück
Ich wünsche mir ein Geben
Ich wünsche mir Vergeben
Ich wünsche mir Frieden
Ich wünsche mir Freude schmieden
Ich wünsche mir Wonne
Ich wünsche mir Sonne
Ich wünsche mir allerlei
Ich wünsche mir ein Ei
Ich wünsche mir für jederfrau und jedermann
Dass er oder sie sich glücklich nennen kann

## Bereicherungen

Manchmal treffen wir Menschen auf unserem Weg
Nur ganz kurz und dennoch hinterlassen sie eine Fülle
Und erweitern unseren Horizont mit Grenzenlosigkeit

Manchmal begegnen wir uns selbst
Verweilen nur einen Moment in dem Ich
Und erkennen einen neuen Teil unseres Wesens

Manchmal sehen wir neue Bilder um uns herum
Nehmen eine ganz besondere Schönheit wahr
Und vergrößern unseren Reichtum im Herzen

Manchmal erahnen wir die wundersame Geisteswelt
Denken und erhaschen die immaterielle Vielfalt
Und teilen es mit dem Rest der Welt

Reichtum und Blütezeit

## Um den Globus reisen

Welch eine Bereicherung
andere Länder zu bereisen
Neue Arten, neue Weisen
Im Intellekt eine Erweiterung

Erlebt und eingetaucht
im Fremdengewand
in dem weit entfernten Land
das Neue in sich eingehaucht

Unbefangen und frei
Losgelöst mit offenen Augen
Das Unbekannte aufsaugen
Gleich einer Träumerei

Neuartiges in sich entfacht
Die große Welt noch größer gemacht
Andere Perspektiven wahrgenommen
Wundervolles in sich aufgenommen

Einzigartige Landschaften
Mit einmaligen Eigenschaften
Erlebt, erfühlt, empfunden
Sich mit dem Fremden verbunden

Eine Fahrt durch Raum und Zeit
Nah und doch ewig weit

Die Nahrung für den Geist
Indem sie die Welt bereist


**Lunar circle**

The Moon orbits planet Earth
As a permanent natural satellite.

The Moon is in synchronous rotation
and always shows the near side.

The Moon is the second-brightest celestial object
And is creative in this world

The Moon has long been associated with insanity
And the words lunacy and lunatic can tell

The Moon's gravity affects us and the nature
And changes the attitude

**Art everywhere**

Music is just the most beautiful poem
It listens to the soul and expresses itself
No matter which language we speak
The acoustic vibrations touch every heart
And if there are words involved
The tones get more deeper to the inner side
The melody of tone-poems reaches into every corner


**Ode an den Wallberg**

Er steht vor mir mit seiner Größe
Die mich demütig vor dem Leben werden lässt
Ein wundervoller Berg mit Anmut

## Gespräch mit einem Freund

Was ist es was die Welt antreibt?
Ha es ist das Geld
Meinst du? Nein ich denke Nicht
Siehst du nicht das wahre Gesicht?

Die Menschen streben nur nach Materie und mehr
nicht!

Oh nein wie viele gibt es die verändern wollen
Was Neues produzieren
Was Einzigartiges generieren
Ganz andersartiges etablieren!

Du Idealist sieht's du nicht, schau auf den Gipfel
Es ist ja wohl der Gipfel, wenn man die Erde befreien
will
Vor Plastik und dergleichen
Und was konnte der Peak erreichen?

Haha der Mensch ist dumm und weit entfernt
Die Krönung der Schöpfung zu sein
Ja so gar nicht, weit gefehlt, oh nein

Er kämpft und versucht sein bestes, wohl
Nur ist er manchmal in der Birne einfach hohl

Sie haben die Unendlichkeit des Universums noch nicht
begriffen
Egal ob sie trinken oder kiffen
Sie sehen nicht über ihren Horizont

Zeit fesselt sie in großen Maßen
Gefangen in der Endlichkeit der Masse

Sie machen nichts um der Mutter Erde mit Würde zu
begegnen
Sie zu loben, zu preisen und zu segnen
Respekt vor dem Sein egal wie sehr wie viel, die
Schönheit zu entdecken
Und in ihr was Wunderbares und Wertvolles zu
erwecken

Ist es gar wirklich so?

Nein nein der Mensch ist gut und trägt das Ehrenwerte
in sich
Lebt und will lieben, will geliebt werden hier auf Erden,
mehr ist hat kein Gewicht

Und so wird die Menschheit erkennen,
dass das Universum die Hände über den Kopf
zusammen schlägt

Zu viel des Guten lass uns nun die Debatte beenden
Und nicht unser Zeit verschwenden

Verschwenden? Ich glaub*s ja kaum
Ist es ein Traum
Die Zeit für Ideale ist immer gut angewendet
Und alles andere als verschwendet

Tu du nur weiter hoffen
Vom Idealistentrank ganz besoffen
Auch du nüchterst wieder aus

Ja ja wir werden ja sehn
Wer hier die richtige Vision hat
Und in welche Richtung die Spezies geht

????????????????????????????????????????????????????
???????????????????????????????????????????????????
??????????????????????????????????????????????
????????????????????????????????????????????
?????????????????????????????????????????

**Eternity I**

What might last
From the past
To the future
Like a stature

Timeless
To express
The beauty of art
A single part
Of human race
A silent face
With deep emotion
A tremendous explosion

Reflections of the present
Designed by hand

Reflections of the past
Moving fast

Reflections of the future
More mature

## Eternity II

The view inside
Nothing any more to hide
Just expressing the inner universe
Rich in variety and highly diverse

With a spiritual affinity
To the limitless eternity

The view outward
Like a artistic wizard
Forming the beauty of the here and now
Humbly to life itself to worship and bow

With a pleasant affinity
To the infinite eternity

Thousands views
Loosen screws
Tears of happiness
The endless success

With a loving affinity
To the boundless eternity

## Durchgedreht

Fassungslos und verrückt
Vom Sein verzückt
Dem Jetzt entrückt

Geradezu von Sinnen
Einblick gewinnen
Dem Jetzt entrinnen

Ein Spinner und Sonderling
Der mit dem Daseins-Doping
dem Jetzt entging

Eigenartig kann man sagen
Den Grenzen entsagen
Das Jetzt vertragen

Am Rad drehen
alles verstehen
im Jetzt verwehen

Alle Tassen im Schrank
Gesund nicht krank
Dem Jetzt ein Dank

Durch die Zeit
befreit

## Energy I

Sie kommt sie geht
Sie verweilt, sie belebt

Komm und küss die Welt

Sie beschleunigt sie gibt Kraft
Sie wirkt sie schafft

Komm und begeistere die Welt

Sie bewegt, sie wandelt
Sie ist lebendig, sie handelt

Komm und verführe die Welt

Sie hat Potential
Sie ist existential

Komm und erfreu die Welt

Sie ist der Antrieb
Sie gibt Auftrieb

Komm und verändere die Welt

Sie ist da
Sie ist dort

Sie ist, war, wird sein

**Energy II**

Energy is a conserved quantity
In itself an existence, an entity
Living organisms require energy to stay alive
We humans need it to be able to strive
Mass and energy are closely related
And can be easily activated

Earth receives energy from the sun
Come on let's start and run,
Run to create and innovate
To be the master of our fate
To change the world into paradise
Open minded and worldly wise

## Spiral

Winding around a center or pole
We might compare it with our soul
Each of us progresses from child to adult to old age
And each of us learn within every single stage

One of the oldest geometric shapes
A variety of multiple landscapes
A symbol of change, progression, and development
Continuously a creation and improvement

Let's go for it and interact every day
Every stagnation means decay
Like the black hole, we might not know
Where so ever it might lead, and go

A transportation of not only material goods
And sometimes we feel ourselves deep in the woods
And whatever might come and be
we twist ourselves free

## Balance

Balance between time for work and other aspects of life
we spend energy for passion and for what we strife

Balance between emotion and mind
often not very easy to find

Balance between our dreams and the reality
and what we might change or have the ability

Balance between assets and liability
Showing the snapshot of a company's profitability

Humble, modest, self-effacing, frugal
The normal Gaussian distribution integral

## Helfersyndrom

Meine Konfliktbewältigungsstrategie
"ich bring euch Harmonie"
Ist ja ein Zeichen von Empathie

Bin ich Gutmensch und Altruist
Oder egozentrischer Exhibitionist
Und einfach nur Narzisst

Auf alle Fälle eine Sucht
Und manchmal gar ne Flucht
In die Selbsterkennungsschlucht

## Enkelkind

Die Großeltern mit dem Enkelkind
Man sieht auch wie die Zeit verrinnt

Was für ein wunderbares Geschenk
Drückt es an sich, ganz eng

 Dieses fantastische kleine Lebewesen
So rein und gänzlich unbelesen

Voller Unschuld und einzigartig zart
Ein neues Wunder von seiner Art

Opa und Oma stolz und voller Wonne
Erstrahlen in der Schaffenssonne

Generationen reihen sich aneinander
Alt und Jung, ein miteinander

Die Gesamtheit mit Familiensinn
Ein genial-grandioser Gewinn

## Danke Bruder und Schwesterherz

Vielen Dank für die Aufmerksamkeit
die wir uns geben durften
für all die wundervolle Zeit
in der wir durch das Leben kurvten

Wer kann schon sagen
er hat einen so genialen Bruder gehabt!
Wir konnten alles wagen
und das meiste davon hat geklappt

Als Team waren wir einfach
unschlagbar und unzertrennlich
Wir haben Großes entfacht
beflügelt von unserem wertvollem ICH

Jetzt muss ich der Jüngere von uns beiden
Adieu sagen und alleine weiter gehen
Oh mein Gott wie tief ist mein Leiden
ich will es nicht glauben noch verstehen.

Immer wirst du in meinem Herzen sein
und mich mit Rat und Tat unterstützen.
Du bist mir Nacht und Sonnenschein
und wie sehr durften wir einander stützen.

Dieser Reichtum wird ewig dauern
und auch wenn nur in meiner Phantasie

darauf konnten wir unsere Ideen mauern
und es war unsere Lebenspoesie.

Wie sehr werde ich dich vermissen
kann ich kaum in Worte fassen
Du wurdest mir aus meinem Leben gerissen
und ich fühle mich etwas verlassen.

Deine Gedanken sprechen zu mir
und ihre Töne berühren
Vertrautheit ist zu spüren
ein zartes Seelenelixier

Vielen Dank für die schönen Stunden
über dreihunderttausend gar
zusammen erlebt und empfunden
und uns bestärkt Jahr für Jahr

Nun das Leben geht weiter
und unsere Liebe wird nie verschwinden
denn auch Erinnerungen verbinden
und bereichern unsere Lebensleiter.

## Song of love

I saw you bathing in the rooms of fame
And had the silent wish to embrace you
You seemed unreachable for me
And my dreams became reality
every morning I hugged you in my mind
every evening I kissed you good night

love has no borders
follows no orders
just the structure of the soul
is the hearts goal

silly me I thought to myself
why not approach you one day
I painted all possible sceneries
And went back in my rooms of dreams
Every morning I had the courage
Every evening I critized my angst

love has no borders
follows no orders
just the structure of the soul
is the hearts goal

...

## Segeln

Weite und Unendlichkeit,
Wildheit und Stille
Kraft und Seele Baumeln

Das Segel nimmt den Wind auf
Lässt sich von ihm über das Wasser tragen
Und die Freiheit umweht Körper und Geist.

Die Stärke der Natur, ich spüre sie
Sie trägt mich auf ihren Wellen
Weit weg von der Zivilisation

Es ist ein Kampf, ein Siegen, ein Gewinnen
Über sich selbst

Es ist ein Verzaubern, eine Weltenreise
Zu sich selbst

Es ist ein Begreifen, ein Verstehen
Von sich selbst

## Episoden eines langweiligen Lebens

Eine zeitliche Chronologie gibt es hier nicht. Ob uralt oder hyperjung für mich hat das Alter noch nie eine Rolle gespielt. Klar je länger man in einem Körper verweilt um so abgenützter wird er, der eine mehr, der eine weniger schnell, je nachdem wie man auch mit seiner Hülle umgeht, Ölwechsel und Ruhe ist ebenso wichtig wie Aktion und mal über die Strenge zu schlagen. Jedes Leben ist voller Wunder und jede Menschgeschichte ist einzigartig, und jede hat etwas woraus wir lernen und was uns reicher macht. Meine Geschichte ist die eines Taugenichts, einer eben jener Lebenskünstler, die den Stoff von Narziss und Goldmund lieferten, nicht der Priester natürlich, der ist viel zu stetig in seinem Sein. So wo beginn ich jetzt, am Ende, dass kann ich ja nicht, denn habe noch nie gehört, dass Menschen in der Totenstarre noch schreiben.

Totenstarre

Mein Vater lag eingesunken auf seinem Sofa, die Augen weit auf, das Gesicht hatte weiche Züge, er war gegangen in das Reich der Toten. Vor fünf Monaten noch hatte er mit dem Tod gefeilscht und wollte ihm 10 Tage abspenstig machen, nun es sind einige Tage mehr daraus geworden. Die Szene war wirklich skurril. Meine Brüder hatten mich unterrichtet, dass mein Vater im

Krankenhaus sei und es dem Ende entgegen geht. Nachdem ich mit den Ärzten gesprochen hatte, ging ich mit der Einstellung lebe wohl zu sagen in sein Zimmer. Zimmer kann man diese Todeskammer ja nicht nennen. Oft gibt es in Krankenhäusern Räume, die geradezu einem Sarg gleichen. 2,5 auf 4 Meter, klein, keine Fenster, eine sozusagene Abstellkammer, für die, die ja sowieso gleich in den Keller geschoben werden, um den Dauerlauf der Verwesung anzutreten. Ich betrat also den Raum um Väterchen lebe wohl zu sagen, stellte mich neben sein Bett, ein Stuhl hätte den Rahmen der Platzmöglichkeiten gesprengt, und nahm seine eh schon sehr dünne zerbrechliche Hand in die meine. Wir waren ganz alleine, draußen hörte man den Oberarzt wie er der Oberschwester zu verstehen gab, dass der Patient auf dem Zimmer 206 nun doch eine Infusion erhalten sollte. Irgendwann nahm ich die Stimmen außerhalb der vier Wände gar nicht mehr wahr, nur noch mein Vater und ich füllten die Räumlichkeiten um uns herum. Plötzlich ergriff Väterchen meine Hand und fing an mit einem Unsichtbaren zu diskutieren, gib mir nur 10 Tage nur noch 10 Tage waren seine Worte, währenddessen er dem Tod ins Gesicht zu sehen schien. Der Tod war wohl anfangs nicht so ganz damit einverstanden, denn er der Kampf um die Zeit hörte nicht auf, aber Robert konnte kämpfen und so hatte er auch diesen Kampf gewonnen und erhielt noch 3 Monate. Wahrscheinlich wollte der Tod nicht nochmal so eine Diskussion und schenkte gleich mehr Zeit. Und letztlich war es auch gut so, denn da wollte er dann von sich aus gehen.

Ich habe selten einen Menschen erlebt, der das Leben so sehr liebte und immer wieder neue Ideen hatte. Wer wird Millionär oder Deutschland sucht ein Superstar hatte er Jahre vorher schon als TV-Idee. Eigentlich sollte ich über sein Leben schreiben, aber so viele Seiten will ich gar nicht zu Papier bringen, da ziehe ich lieber die einfachere Version vor und mach mir nicht so viel Arbeit. Das so ein bisschen philosophische Wesen habe ich von ihm, Teddy war eben einer jener Menschen, die kein Wisch haben musste um zu wissen.

So startet der Roman
Interessant oder profan
Egal er ist im Kopf
Klopf klopf klopf

# Inhaltsverzeichnis

Zeitfracht Medien GmbH
Ferdinand-Jühlke-Straße 7
99095 Erfurt, Deutschland
produktsicherheit@kolibri360.de